LA VAPEUR

POÈME

PAR

BARTHÉLEMY.

PARIS
IMPRIMERIE LANGE LÉVY ET COMP.,
16, rue du Croissant.

1845

LA VAPEUR.

LA VAPEUR

POÈME

PAR

BARTHÉLEMY.

ET RENOVABIS FACIEM TERRÆ.
Biblia sacra.

PARIS

IMPRIMERIE LANGE LÉVY ET COMP.,
16, rue du Croissant.

1845

LA VAPEUR

Les fables des anciens, qu'on traite d'impostures,
Indiquaient vaguement des vérités futures :
Aux trois âges passés, d'or, d'argent et d'airain,
Notre *siècle de fer* succède en souverain ;
Dédale déployant ses nageoires de plumes,
Et passant de la Crète aux rivages de Cumes,

Ouvrait à Montgolfier le grand chemin de l'air;
Et l'homme qui, debout sur un brûlant tender,
Parsème de lueurs sa route illimitée,
L'Américain Fulton est fils du Prométhée,
Qui, descendu des cieux une torche à la main,
Du progrès voyageur dota le genre humain.
Oui, ce qui trois mille ans fut une métaphore,
Comme réalité nous l'avons fait éclore,
Et les siècles barbus s'inclinent de stupeur
Devant leur jeune fils, père de la Vapeur.

Ne nous abusons point sur la marche du monde;
En faits miraculeux l'histoire est peu féconde;
Sans doute, chaque époque a vu des conquérants
Sur notre fourmilière épancher leurs torrents,

Renverser des États, changer des dynasties,

Et du globe, un moment, troubler quelques parties ;

Les calculs du génie ou l'effet des hasards

Ont souvent agrandi les sciences et les arts ;

Bien des flambeaux ont lui sur les vieilles ténèbres ;

Nul peuple qui n'ait eu des inventeurs célèbres,

Des sages, des savants dont la suprême voix

Modifia ses mœurs, son commerce, ses lois ;

D'autres ont découvert, sous d'autres périodes,

Des soleils inconnus et des mers antipodes ;

Mais ces explosions dont les frémissements

De l'ordre universel changent les mouvements,

Impriment sur la terre une éternelle trace,

Régénèrent sa vie et transforment sa face ;

Ces grands événements qu'avec anxiété

Comme une ère nouvelle attend l'humanité,

Voilà ce qu'on ne voit qu'à rares intervalles,

Et, depuis que du monde on écrit les annales,

Sans craindre d'avancer un calcul hasardeux,

Disons-le hardiment, on n'en compte que deux,

La Presse et la Vapeur, empires sans frontière,

L'un ouvert à l'esprit et l'autre à la matière,

Arcs-boutants fraternels, où les hommes nouveaux

Comme entre un double pôle ont fixé leurs pivots.

O mystère! admirez par quelles faibles choses

La Providence arrive à ses fins grandioses :

Une aiguille tremblante ouvre un monde à Colomb ;

Une main fait mouvoir quelques morceaux de plomb,

Des lingots chancelants empreints d'un caractère,

Et voilà tout à coup qu'on sent bondir la terre,

LA VAPEUR.

Que d'immenses clartés percent les cieux couverts,

Que les bras du génie étreignent l'univers ;

Attendez ! voici bien un autre phénomène :

L'homme était prisonnier dans son propre domaine ;

Il gaspillait sa vie à changer de climats ;

Ni le vent qui gonflait ses voiles sur les mâts,

Ni ses coursiers nerveux, suant à larges gouttes,

Au gré de ses désirs ne franchissaient les routes ;

Et quelquefois ses yeux rêvaient en observant

Ces bleuâtres flocons que dissipe le vent,

Ces nuages tiédis par la chaleur de l'onde

Qui montent en fumée humide et vagabonde ;

Tout à coup il tressaille, il bondit radieux,

Il vote une hécatombe au souverain des dieux :

A la faiblesse humaine il a trouvé pour aide

Le tout-puissant levier rêvé par Archimède ;

Et maintenant qu'il tient dans sa cuve de fer
Cet impalpable corps que réclame l'éther,
Ces atomes errants dont la sagesse antique
N'avait pas soupçonné la vigueur élastique,
Il est prêt, s'il le faut, à transporter les monts;
Les chevaux qu'il dirige ont d'assez forts poumons,
Des pieds assez légers pour franchir d'une haleine
Un vaste continent, comme une étroite plaine,
Pour traîner sur des chars terrestres ou marins
L'entassement confus des peuples pèlerins;
C'est d'aujourd'hui vraiment qu'il commence à connaître
Son pouvoir sur un globe où son pied marche en maître,
Qu'un légitime orgueil le transforme en géant,
En dieu même... il a fait un être du néant.

LA VAPEUR.

Cette fois, sans traîner sa jeunesse inconnue,

D'un seul bond l'œuvre immense a jailli dans la nue ;

C'était hier encor que le Colomb nouveau,

Portant le sort du monde au fond de son cerveau,

S'en fut, sur les dédains de notre territoire,

A des bords moins ingrats associer sa gloire,

Et soudain sur le sol et les lacs mohicans

L'industrie à son char attela des volcans,

Et le génie, armé d'un casque cylindrique,

Pour conquérir l'Europe accourut d'Amérique ;

Et le vieux continent, instruit par ses rivaux,

Destitua ses chars, ses voiles, ses chevaux,

Par de doubles rubans entrelaça ses villes,

Promena sur les flots des vésuves dociles ;

Et la France, mêlée à ces nobles élans,

Change l'antique ornière en rails étincelants,

S'ouvre du sud au nord, avec ses bras d'Hercule,
Une artère de fer où la séve circule,
Et pendant qu'elle exhausse ou baisse le terrain,
Que des bouches du Rhône elle enjambe le Rhin,
Ses vigoureux steam-boats coupent les vagues noires,
Et, fiers de concourir à nos jeunes victoires,
Parlent de reléguer dans quelques ports déserts
Les informes trois-ponts, vieux despotes des mers.

Que les fleuves sont beaux alors qu'entre leurs rives
Que fouette le remou des ondes convulsives,
Un steamer salué par des hourras amis,
Passe en triomphateur au jour qu'il a promis !
Et combien plus encor se déroule imposante
La majesté des mers, alors qu'elle présente

Ses lointains messagers au panache mouvant,

Voguant en sens contraire, insoucieux du vent,

Glissant entre les eaux leurs tailles cuirassées

Et se jouant entre eux comme les cétacées,

Qui devant la pirogue où nous les harponnons,

Lancent des jets de flots soufflés de leurs fanons !

Quelle étrange stupeur eût saisi le courage

Des Cook, des Lapeyrouse, honneur du dernier âge,

Si, tandis que leurs yeux épiaient l'horizon,

Ils eussent vu surgir un énorme tison,

Une forme grondante, une masse animée,

Un monstre vomissant la flamme et la fumée !

Pouvaient-ils deviner que, sur ces mêmes flots,

Des cyclopes un jour seraient des matelots,

Que les trente-deux vents marqués sur la boussole

Ne feraient plus siffler qu'une rage frivole,

Qu'on braverait en paix sur les gouffres profonds

Les calmes du Tropique et le choc des typhons,

Qu'en hiver, en été, le mer bonne ou mauvaise,

On foulerait sans peur le pont d'une fournaise,

Qu'un navire sans mâts marcherait sans effort

Et filerait ses nœuds avec la flamme à bord?

Le marin d'autrefois disait dans sa sagesse :

Le ciel est menaçant, la haute mer se dresse,

Le vent trompeur parcourt tous les points du compas,

Hâtons-nous de jeter l'ancre, ne partons pas.

Il s'écrie aujourd'hui : Debout tout l'équipage !

Qu'on enroule la chaîne amarrée au rivage,

Qu'on chauffe, que la flamme agite les pistons,

La mer gronde, le vent est contraire, partons !

Qu'auraient dit Louis quatorze, empourpré de sa gloire,

Et Jacques l'Écossais, monarque ambulatoire,

Si l'un de son Versaille, et l'autre à Saint-Germain,

Eussent vu tout à coup par un double chemin

La ville de Paris accourant ventre à terre

Sur des chars fabuleux conduits par un cratère ?

Et nous-mêmes enfin, nous qui, depuis dix ans,

Contemplons chaque jour ces tableaux imposants,

Pouvons-nous, une fois, prendre une obscure place

Sur ces dragons de feu qui suppriment l'espace,

Sans que notre œil pensif ne s'y fixe un moment,

Sans aspirer dans l'âme un long recueillement,

Sans admirer comment un pareil phénomène

A pu sortir un jour de la pensée humaine ?

L'homme le plus inculte est ému devant lui :

Le tableau qu'il déchire emporte son ennui ;

Au sein du mouvement heureux d'être immobile,
Il effleure, il traverse une changeante idylle,
Les villages, les bois, les coteaux, les sillons,
Qui d'une molle valse offrent les tourbillons.

Quoi ! l'on ne marche plus ! on ne court plus ! on vole !
Oui, sans doute, et ce mot n'est point une hyperbole :
Que de fois, dans les airs où glisse le convoi,
J'observai des corbeaux voyageurs comme moi :
Ils nous suivent d'abord avec persévérance,
Mais bientôt, effrayés de notre concurrence,
Ils cessent une lutte où nous les fatiguons,
Et rebroussent chemin, vaincus par les wagons.
Bien souvent, dans le cours de votre marche ailée,
Pendant que sur la carte amplement déroulée,

Géographe attentif, vous mesurez des yeux

La ligne que parcourt le char prestigieux,

Avant que vous trouviez le bourg ou le village

Où la halte est prescrite au magique attelage,

Le wagon, plus rapide, arrive sur l'endroit

Que poursuivent encor votre œil et votre doigt.

J'en conviens, il en est encor dont la pensée

Exhale des soupirs sur l'époque passée,

Ils regrettent sans fin le bon temps des chevaux,

Où Paris, en dix jours, s'approchait de Bordeaux,

Le temps où l'on faisait, dans de sages voitures,

Des voyages toujours féconds en aventures,

Où l'homme se formait si vite, en cultivant

Les commis voyageurs à l'appétit fervent,

Les conducteurs grivois, les servantes accortes,

Les postillons perdus entre leurs bottes fortes;

Rendez-nous, disent-ils, nos relais bourguignons,

Nos pauvres, nos manchots secouant leurs moignons,

Nos jurons stimulants, nos classiques pour-boire,

Notre hôtel du Bras-d'Or et de la Tête-Noire,

Nos chemins étouffants dans les mois des chaleurs,

Nos dîners de Tantale et même nos voleurs.

Livrons à leurs regrets ces frondeurs incommodes.

Que demandent-ils donc? des bruits? des épisodes?

Des scènes de voyage? Ils trouveront ici

De quoi bouleverser leur cerveau rétréci;

Ils entendront monter aux voûtes sidérales

Des grincements aigus, des hurlements, des râles;

Qu'ils viennent! le sifflet et l'heure au cri d'airain

Délivrent les coursiers hennissant sous le *frein*,

Étalons dont la race est encore un mystère,

Descendus du soleil ou sortis de la terre,

Tous noirs, tous baptisés d'un poétique nom,

Encelade, Vulcain, Prométhée, Alecton;

Ils partent, leurs naseaux, leurs pieds lancent la braise;

Le long convoi massif vole avec la fournaise,

Déroule sa fumée ainsi qu'un étendard,

Et se perd dans l'azur du ciel ou le brouillard.

Alors commence un drame où le décor varie :

Nous fendons tour à tour une longue prairie,

Des bois, des champs peuplés et des sites déserts;

Tantôt d'un viaduc qui plane dans les airs,

Nous distinguons au fond d'une route banale

L'antique diligence, impuissante rivale,

Qui menace d'en bas le ciel où nous passons

Et rampe, au train honteux de ses colimaçons;

Parfois, à l'horizon, une lueur connue

Annonce d'un convoi la subite venue;

Il passe en nous soufflant un salut fraternel ;

Tout à coup, ô terreur ! apparaît le tunnel;

Il s'approche, on dirait que sa gueule agrandie

Aspire la vapeur, le fer et l'incendie;

L'intrépide convoi s'y plonge en rugissant;

Ici la scène change à vous glacer le sang :

Un vent humide et chaud tourne dans la caverne;

De pilier en pilier une rouge lanterne

Éclaire le salpêtre incrusté dans les murs

Et des blocs de fumée aux miasmes impurs ;

C'est un bruit de torrents, de tonnerres, de chaînes,

C'est l'Etna tourmentant ses forges souterraines,

Le Cocyte et le Styx, horrible confluent,

Dans ce nouveau Ténare en fureur se ruant.

Mais le tender vainqueur sort de la noire voûte,

En palpitant de joie il achève sa route,

Et le débarcadère, aux larges escaliers,

Déploie aux voyageurs ses bras hospitaliers.

Qu'importent maintenant de rares catastrophes?

Contre des maux forcés soyons plus philosophes;

Rien de grand n'a paru sans avoir des martyrs.

Au lieu de nous répandre en lâches repentirs,

Que devant la Vapeur notre culte s'incline;

L'homme, rendu par elle à sa forte origine,

Sur la nature morte a pris de nouveaux droits;

En se faisant esclave, elle nous a faits rois.

Depuis qu'elle a montré son prodige à la terre,

La matière soumise est notre prolétaire ;

Ce monde qu'autrefois notre débilité,

Notre respect, trouvaient immense, illimité,

Aujourd'hui qu'il n'est plus d'espace infranchissable,

Est devenu pour nous un atome de sable;

L'élan de la Vapeur chaque jour se raidit,

Le globe se resserre et l'homme s'agrandit.

Que le pauvre surtout s'incline devant elle :

De la démocratie elle a pris la tutelle,

Elle ne souffre pas que, sur son grand chemin,

Il passe auprès du riche, un bâton à la main;

Dans le même landau, sans nulle différence,

Elle entraîne le pâtre avec le pair de France,

Les prend à la même heure et les conduit au port

Et sur le front de tous suspend le même sort.

Sous le niveau du rail il faut que chacun passe ;

Partout où le wagon coupe le libre espace,

On ne distingue plus les petits et les grands :

L'égalité du sol égalise les rangs.

www.ingramcontent.com/pod-product-compliance
Lightning Source LLC
Chambersburg PA
CBHW060614050426
42451CB00012B/2243